# GÉNÉALOGIE

DE LA

# FAMILLE CVPER

DRESSÉE

SUR ACTES AUTHENTIQUES

Par M. PÉAN,

Vice-Président du Tribunal civil de Blois.

BOULOGNE - SUR - MER.

IMPRIMERIE C. LE ROY, 51, GRANDE RUE.

MAI 1868.

# PROLÉGOMÈNES.

« Rien n'est beau que le vrai. »

La famille CUPER, une des plus anciennes du Blésois, est une de ces familles qui jouissent d'une sorte de gloire de second ordre qui, pour être modeste et cachée, n'en est pas moins digne de fixer l'attention. Pendant des siècles entiers on voit cette famille occuper, sans interruption, la même position dans l'industrie; alliant quelquefois à sa profession des fonctions publiques assez élevées, mais se la transmettant toujours comme un titre d'aînés en aînés, avec une fidélité inviolable. C'est une sorte de dynastie industrielle dont on trouve de bien rares exemples. (1)

(1) L'Imprimerie peut en citer quelques-uns : en Hollande, les Elzévir ; mais principalement en France, les Estienne, qui ont ajouté, en plus à leur nom, l'éclat du savoir, et qu'un grand écrivain de nos jours apprécie en ces termes : — « Voici venir » un homme d'une haute probité, d'une science infinie, d'un » génie dévoué, un citoyen net et ferme, un Chrétien sans fa- » natisme, un grand homme peut-être, Henri Estienne II ; le » fils de Robert Estienne Ier, le petit-fils de Henri-Étienne Ier ; » car, dans cette famille de grands imprimeurs, c'est comme » une illustre famille royale, dont il ne faut pas confondre les » membres glorieux. » (J. Janin. — LE JOURNALISTE, dans *les Français peints par eux-mêmes.*)

Aujourd'hui, que la manie du déclassement envahit les rangs secondaires de la société, que le négoce n'est plus guère qu'une spéculation pour faire vite fortune et non un moyen d'existence, et que des opérations financières faciles changent en un jour, comme en quelques coups de dés, la condition matérielle des gens, — on est surpris de voir une si longue suite de générations, renonçant à toute idée d'élévation, malgré les circonstances favorables qui se présentent, se léguer, avec une simplicité vraiment antique, la profession de leurs aïeux. Cette succession non interrompue de la même profession, et cette réputation séculaire d'honneur et de probité, constituent un patrimoine sérieux, réel, plus estimable que la fortune dont la source n'a que trop souvent besoin d'être ignorée pour le repos de ceux qui la possèdent.

Pourtant il ne faudrait pas se méprendre sur la valeur véritable de cette position qu'occupa si longtemps la famille CUPER, et on n'en aurait qu'une idée fausse, ou du moins inexacte, si on ne la jugeait que sous un point de vue restreint et en se reportant aux idées actuelles. Pour la voir, dans tout son jour, il faut regarder de plus haut.

Toutes les inventions, à leur origine, sont entourées d'un éclat et d'un prestige qu'elles doivent à l'attrait de la nouveauté, mais qu'elles perdent peu à peu, à mesure que, s'incrustant dans nos mœurs et nos habitudes, elles deviennent partie intégrante et indispensable de notre civilisation, et surtout lorsque, correspondant à un besoin pratique de la vie, elles tombent dans le domaine de tous.

L'horlogerie, à sa naissance, était un art beaucoup plus estimé que de nos jours, bien qu'il soit encore cultivé par des artistes habiles et même des savants distingués. (1) Ce merveilleux chronomètre, qu'on appelle montre, fut inventé à Nuremberg vers 1,500 par P. Hèle. Après l'inventeur, qui souvent est un heureux favori du hasard, le principal mérite revient au propagateur, et c'est là le titre de gloire de la famille Cuper. Son apparition à Blois se rattache visiblement à la découverte de l'horlogerie.

Barthélemy Cuper, noble homme, sieur de Chastenay, envoya ses deux fils en Allemagne, dont il était lui-même originaire, pour y étudier cet art nouveau. L'aîné continua à Blois cette série de générations qui se poursuit jusqu'à nos jours. Le second se fixa également dans cette ville ; mais, après sa mort, ses descendants quittent le pays où ils s'étaient formés pour se répandre en Europe. Nous les voyons s'établir à Londres, à Genève et jusqu'à Constantinople. Nous ignorons, quant à présent, s'ils y ont laissé quelque trace.

Les Cuper n'ont donc pas seulement pour mérite l'ancienneté de race et la succession

---

(1) Bréguet.

non interrompue de la même profession de père en fils, mais aussi celui d'avoir été les propagateurs d'une branche utile et artistique de l'industrie mécanique.

Pour comprendre l'espèce de vénération qu'ils avaient pour leur art, et l'importance historique de la profession qu'ils exercèrent, il faut se reporter à ce qu'était la capitale du Blésois, tant qu'elle fut le siége de la Cour de France.

Blois, sous les Valois, était un centre actif d'industrie tel, et plus encore peut-être, que sont aujourd'hui Genève et Besançon : « L'hor» logerie, dit l'écrivain Touchard-Lafosse, y en» tretenait une grande source de richesses :
» nous ne savons quel était, du temps de Gas» ton d'Orléans, le nombre des horlogers fa» bricants établis dans cette ville (1) ; — mais
» en 1670 on y en comptait encore trente-huit
» ayant le titre de maître, ce qui donne lieu
» de supposer que les ouvriers attachés à leurs
» fabriques étaient nombreux..... Dans un
» temps où la présence des grands contribuait
» si puissamment à donner l'essor à la vie so» ciale, on la voyait dépérir aux lieux où ces
» personnages éminents par la naissance l'a» vaient fécondée, dès qu'ils s'en éloignaient.
» Blois, sous le duc d'Orléans, avait recouvré,
» en grande partie, les prospérités dues jadis à

(1) Ce nombre était, en 1680, de quarante-sept. Nous avons en notre possession une pièce, datée de cette époque, qui en donne la liste nominative.—E. C.

» la cour de Louis XII ; mais quand Gaston eut
» cessé de vivre, la presque totalité des nobles,
» des savants, des artistes qui environnaient ce
» prince, quittèrent la ville pour se rapprocher
» de Saint-Germain, où s'élevait le soleil vivi-
» fiant d'une monarchie jeune, amie des plai-
» sirs, prodigue de faveurs, et qui promettait
» tous les dons de la fortune et de la grandeur.
» L'industrie blésoise et le commerce qu'elle
» alimentait déclinèrent de nouveau...... Enfin
» parut la révocation de l'édit de Nantes, qui
» leur porta le dernier coup...........

» En 1686, c'est-à-dire dans l'année qui sui-
» vit, il n'y avait plus à Blois que dix-sept
» maîtres en horlogerie. Au moment où nous
» écrivons, on compte, sur cet ancien foyer
» d'une importante fabrication, sept à huit mar-
» chands de montres et de pendules, et dont
» pas un seul ne fabrique le moindre objet.....

» Rien n'avait pu arrêter la décadence des
» prospérités qui s'écoulaient, torrent rapide,
» depuis la révocation de l'édit de Nantes. Cent
» familles du Blésois avaient expatrié avec elles
» leur industrie ou leurs capitaux ; et pour
» unique compensation de ces pertes, on avait
» établi à Blois les *Nouvelles Catholiques du*
» *Puits-du-Quartier*, communauté destinée à
» recevoir les filles des Calvinistes ralliés, plus
» ou moins volontiers, à la religion catholique
» romaine, la seule que le Roi, sous l'influence
» d'une favorite, ancienne protestante, voulut
» souffrir dans son royaume....... C'est depuis

» lors surtout que les habitants du Blésois ont
» demandé à leur sol les richesses qu'ils ne
» pouvaient plus obtenir par les efforts de l'in-
» telligence industrielle et commerciale......
(Touchard-Lafosse, *Histoire de Blois*.)

La famille CUPER suivit parallèlement la destinée de la cité où elle s'était fixée avec prédilection, et passa successivement par ces trois phases : époque de prospérité, époque de déclin, époque de décadence ; et l'on ne peut s'étonner qu'elle ait cessé d'exercer un art qu'elle avait conservé comme moyen d'existence, mais qu'elle ne pouvait plus espérer ramener à son premier éclat.

Si la famille CUPER a le droit d'être fière de son passé où domine surtout une inaltérable honorabilité, elle ne peut se défendre d'une secrète amertume, en pensant à cette décadence, dont elle a seule le souvenir, et qui fut la suite de l'acte le plus malheureux, disons plus, de la plus grande faute du règne de Louis XIV. Mais hâtons-nous de dire qu'elle a toujours trouvé un dédommagement dans les profondes sympathies du pays qu'elle a illustré à sa manière.

La population blésoise, de longue date, a pour elle, en effet, non seulement de l'estime, mais une vénération dont nous ne nous rendions pas compte dans notre enfance, et qui depuis a pénétré notre cœur d'un vif amour pour le sol natal.

En outre, les écrivains qui sont entrés dans les détails sur l'histoire du Blésois, semblent s'être fait un devoir de n'omettre aucune occasion favorable pour en parler.

On lit dans l'*Histoire de Blois*, par MM. Dupré et Bergevin : — « Les séjours fréquents de
» la Cour à Blois donnèrent au commerce de
» cette ville un éclat passager. Cette influence
» se fit particulièrement sentir sur les arts de
» luxe. L'horlogerie fut cultivée avec succès
» dans la ville et aux environs ; les beaux ou-
» vrages des CUPER, des Lemeindre, des Chais-
» non, des Mâcé, des Robert, jouissaient d'une
» réputation européenne. — Aux XVIe et XVIIe
» siècles, les pièces d'horlogerie et d'émaillerie
» faisaient partie des présents de ville destinés
» aux princes et aux seigneurs qui venaient à
» Blois. Ainsi, en 1645, les échevins furent
» autorisés à faire confectionner, par le sieur
» Morlière, une monstre à boiste avec des
» émailles à personnages et figures, pour don-
» ner à Madame la Duchesse d'Orléans, épouse
» de Gaston. Le choix de ces objets prouve que
» leur fabrication constituait alors une branche
» florissante d'industrie, et qu'ils figuraient
» avec honneur parmi les produits de la lo-
» calité. »

(*Même histoire.*) « A l'époque de la révo-
« cation de l'Édit de Nantes (1685), plusieurs
» familles protestantes quittèrent la ville de
» Blois et sortirent du royaume pour exercer

» librement leur religion. D'autres resteront en
» abjurant : tels furent les Baschet, les Bai-
» gnoux, les Cuper, dont les descendants ha-
» bitent encore la cité où leurs pères profes-
» saient le Calvinisme. — On lit sur un registre
» d'abjurations celle des Cuper, reçue par M.
» de Bertier, évêque de Blois ; quelques temps
» après, une demoiselle Cuper prit le voile aux
» Nouvelles-Catholiques. — (*Archives dépar-*
» *tementales.* »

Abrégé de l'histoire de Blois, par M. de la Saussaye. — Cet historien, citant les noms des Blésois qui se sont rendus célèbres depuis le commencement du XVᵉ siècle dans toutes les professions artistiques, dit que : « L'horlogerie,
» au point où elle était arrivée à Blois au XVIIᵉ
» siècle, peut être considérée comme du do-
» maine de l'art, et que la famille Cuper y tint
» un rang honorable pendant plus de trois
» siècles. » Et il ajoute : « Quand l'ilot de
» maisons, abattu pour former la place Louis
» XII, était encore debout, on lisait au-dessus
» d'une porte surbaissée, ornée d'un vieil
» imager de bois, l'inscription suivante qui
» datait presque de l'établissement à Blois de
» la famille Cuper qui y subsiste encore :

PAVL CVPER, ORLOGEVR DV ROY

» La famille Cuper fut étroitement liée avec
» celle du célèbre inventeur de la vapeur. —

» Quand Denis Papin partit pour Paris, recom-
» mandé au grand Colbert, ministre de Louis
» XIV, par le marquis de Charron, son beau-
» père, qui habitait le château de Menars, son
» père lui dit : « As-tu fait toutes tes visites
» d'adieu, as-tu serré la main des Cuper, des
» Baignoux, de M. de Vareille? car tu sais que
» ce sont mes meilleurs amis. » (*Histoire de
Denis Papin.*

L'*Histoire des villes de France*, malgré le
cadre nécessairement restreint laissé à chaque
localité, fait néanmoins mention des Cuper parmi les hommes qui se sont fait un nom dans la
ville de Blois.

Un journal de Paris, fondé en août 1858,
le *Moniteur de l'exportation et du commerce*,
plaçait en tête de son programme les lignes
suivantes :

« Organe du commerce, le *Moniteur de
» l'exportation et du commerce* traitera par-
» ticulièrement de la naissance du commerce,
» de sa vie et de ses actes ; c'est dire qu'il
» tracera son histoire morale et au point de
» vue des faits, ainsi que la vie des négociants
» dont la carrière a été une source d'honneur
» pour leur famille et de prospérité pour leur
» pays, telle que celle de Jacques Cœur, de
» G. Gobelin, Cuper, Parmentier, Darcet,
» Jacquart, Savary, Conté, Ternaux, Laffitte
» et autres, auxquels de savants travaux et

» utiles découvertes ont assuré une renommée
» durable.

» En traçant dans la série de nos études
» leur histoire et celle de leurs dignes succes-
» seurs, nous donnerons d'ailleurs des exemples
» de persévérance dans le travail, de désinté-
» ressement et de science pratique.

» N'est-il pas temps qu'eux aussi, dont la
» vie modeste ne survit que par leurs œuvres,
» sans avoir le loisir de laisser personnellement
» de traces de savantes théories, aient leurs
» mémoires pour servir de guide dans la
» carrière si ardue du commerce, et que,
» comme les Papin, Pelouse, Béquerel, Che-
» vreul, Arago et autres savants, ils aient
» également part à la reconnaissance des géné-
» rations. » (1)..........................

Enfin, comme dernière et suprême illus-
tration, la famille CUPER se trouve alliée au
nom le plus grand des temps modernes, et qui
résume toutes les gloires, celui de NAPOLÉON.
— Ici les proportions changent; et une parenté,
bien qu'éloignée, est un fait que M. Péan a cru

---

(1) L'auteur de cet article, M. Ludovic Brunet, directeur de la rédaction, avait eu dans sa jeunesse quelques rapports indirects avec notre famille, dont il avait conservé un religieux souvenir ; il s'était même adressé à nous personnellement pour obtenir l'insertion de cette notice ; mais nous n'avons pas cru devoir exposer au grand jour de la publicité les détails de notre histoire qui, selon nous, ne peut conserver sa véritable valeur qu'en restant modeste.

hautement digne de remarque dans son travail généalogique, mais qu'il a tenu encore à constater pour l'honneur de la ville de Blois.

Les traditions du foyer avaient bien transmis à la famille Cuper les éléments de sa propre histoire, mais jamais elle n'avait songé à en réunir les feuillets épars dans les annales blésoises. Sa généalogie fut discrètement entreprise, à son insu, par une main amie, en 1825. Ce travail a toute l'autorité d'une recherche habile et consciencieuse à laquelle vient s'ajouter la qualité de magistrat de l'auteur. C'était, dans sa pensée, un hommage rendu à la vérité, et à la modestie d'une famille dont l'existence a été une longue honorabilité, j'ai presque dit une longue vertu.

ÉMILE C***

# GÉNÉALOGIE

DE LA

# FAMILLE CUPER

## I.

NOBLE HOMME, BARTHÉLEMY CUPER, SIEUR DE CHASTENAY, était originaire d'Allemagne ou d'Angleterre (1), comme l'indique son nom que les étrangers prononcent *Coupre*. Il naquit vers l'an 1530 ; mais on ignore à quelle époque il se fixa à Blois.

Il épousa, dans cette ville, vers l'an 1558, *Jacquette Lefuselier*, dont le bisaïeul paternel, *Jean Lefuselier*, était Président de la Chambre des Comptes de Blois dès l'an 1442, et portait pour armoiries : — *d'argent à une fasce d'azur semée de trèfles d'or et*

---

(1) Il était originaire d'Allemagne et non d'Angleterre ; — Il y a là une erreur évidente, qu'il nous eût été facile de supprimer sans altérer en rien la généalogie; cependant nous l'avons laissée, tenant à conserver le texte de M. Pénn dans toute son intégrité.

*accompagnées de chausse-trapes posées 2 et 1.* — Cette dame vivait en viduité le 29 décembre 1597.

De ce mariage sont issus deux fils, savoir :

*Paul* CUPER I*er* du nom, qui suit, — *Pierre* CUPER, horloger à Blois.

Il naquit vers l'an 1570. Il épousa, vers l'an 1597, Marie Quibut. Il en eut sept enfants baptisés au temple des protestants de Blois, savoir :

*Pierre* CUPER, né le 23 juillet 1600.

Autre *Pierre* CUPER, horloger, né le 10 décembre 1604, établi à Constantinople avant le 24 novembre 1637.

*Abraham* CUPER, horloger, né le 13 avril 1611, demeurant à Blois le 24 novembre 1637.

*Josias* CUPER, horloger, demeurant à Londres en 1637.

*Marie* CUPER, née le 16 mars 1598, mariée, le 9 juillet 1617, à Pierre Abillam, originaire de Genève, horloger à Blois, qui en eut trois filles.

*Madeleine* CUPER, née le 14 mai 1622 ;

*Anne* CUPER, née le 3 mars 1628.

## II.

*Paul* CUPER, I<sup>er</sup> du nom (1), *Horloger* à Blois, et *Commissaire de l'Artillerie de France*, naquit vers l'an 1560.

Il épousa, par contrat passé devant M<sup>e</sup> Becquereau, notaire à Blois, en date du 12 janvier 1586, *Madeleine* PICAULT, qui vivait en viduité vers l'an 1626.

Elle était fille de *Sébastien* PICAULT, *Conseiller du Roi, Lieutenant en l'Election de Berry*, à Selles-sur-Cher, et de Jacquette Pelluys, qui convola en secondes noces avec Innocent Martin.

Du mariage de *Paul* CUPER, I<sup>er</sup> du nom, et de *Madeleine* PICAULT, sont issus sept enfants, savoir :

*Barthélemy* CUPER, II<sup>e</sup> du nom, qui suit.
*Paul* CUPER II, rapporté ensuite.
*Sulpice* CUPER, rapporté ci-après.
*Michel* CUPER, rapporté après ses frères.

---

(1) On se demandera peut-être, en lisant cette généalogie, pourquoi *Paul* CUPER, fils de *Barthélemy* CUPER, *noble homme, sieur de Chastenay* (et régulièrement désigné ainsi dans les actes authentiques), n'ait pas continué à porter le signe de distinction qui lui venait légitimement de son père. La raison est facile à donner : il ne faut pas oublier, en effet, qu'à cette époque, tout gentilhomme, qui voulait se livrer au commerce, était obligé de déposer son épée, et que ce ne fût que plus tard, sous Louis XIV, qu'un arrêt du Parlement déclara que ce n'était point déroger que de s'occuper de négoce.

*Marthe* CUPER, mariée dans le temple des protestants, à Blois, le 11 janvier 1608, à Simon Souefve, maître en chirurgie à Blois, fils de Toussaint Souefve et de Marie Dacyer.

*Madeleine* CUPER, mariée dans la même église, le 28 juillet 1613, à Pierre Bernier, marchand à Blois, fils de Paul Bernier.

*Anne* CUPER, mariée dans la même église, le 25 février 1618, à Jean Chartier, marchand à Blois, fils de Pierre Chartier, marchand à Blois, et de Marie Rouin.

## III.

*Barthélemy* CUPER, II<sup>e</sup> du nom, *Horloger de la Reine*, fils aîné de *Paul* CUPER, I<sup>er</sup> du nom, et de *Madeleine* PICAULT, demeurait à Blois, paroisse Saint-Nicolas.

Il épousa, vers l'an 1612, *Marie* MARESCHAL, fille de N. MARESCHAL, *Sieur de Guilvault*, près Bracieux, et de Claude Rossignol.

De ce mariage sont issus douze enfants baptisés au temple des protestants de Blois, et dont on ignore la destinée (*Révocation de l'Édit de Nantes*), savoir :

*Barthélemy* CUPER, né le 29 juillet 1615.

Autre *Barthélemy* CUPER, né le 20 septembre 1620.

*Alexandre* CUPER, né le 4 octobre 1621.

*Simon* CUPER, né le 21 février 1624.

*Jacques* CUPER, né le 10 mars 1627.
*Daniel* CUPER, né le 10 novembre 1629.
*Marie* CUPER, née vers l'an 1617.
*Jeanne* CUPER, née le 28 septembre 1618.
Autre *Jeanne* CUPER, née le 24 juin 1623.
Autre *Marie* CUPER, née le 29 juin 1631.
*Elisabeth* CUPER, née le 8 novembre 1633.
Autre *Marie* CUPER, née le 14 décembre 1634.

*Gisbert* CUPER, *savant professeur d'histoire, et bourguemestre à Deventer* (ville capitale de la province d'Overissel, dans les Pays-Bas) au XVII⁰ siècle, dont on a des observations critiques et chronologiques : l'Apothéose d'Homère et d'autres ouvrages, naquit à Hemmen, en 1604, et mourut à Deventer le 22 novembre 1716.

Il était associé à l'*Académie royale des Inscriptions et Belles-Lettres* de Paris.

## III.

*Paul* CUPER, II⁰ du nom, *Horloger et Commissaire ordinaire de l'Artillerie de France*, second fils de *Paul* CUPER, I⁰ʳ du nom, et de Madeleine Picault, professait la religion réformée, et demeurait à Blois, faubourg de Foix.

Il épousa deux femmes : la première, vers l'an 1610, Françoise Lecomte, fille de Jacques

Lecomte, bourgeois de Blois ; la deuxième, vers l'an 1613, Marie Souefve, fille de Toussaint Souefve et de Marie Dacyer ci-dessus mentionnés.

Du premier mariage est issu un enfant qui suit, savoir :

*Jacques* CUPER, né le 4 janvier 1612.

Du second mariage sont issus cinq enfants, savoir :

*Paul* CUPER, né le 3 septembre 1615.

*Simon* CUPER, né le 5 octobre 1618.

*Madeleine* CUPER, née le 16 avril 1614. Elle fut mariée à Jacques Bordier, bourgeois de Paris, qui en eut Marie Bordier, mariée dans le temple des protestants de Blois, le 2 août 1685, à *Théodore Leroux, Sieur de Rode*, fils de Théodore Leroux, *agent de la Compagnie des Indes Occidentales* en Bretagne, et de Lucrèce Cruypennin.

*Judith* CUPER, née le 24 juillet 1617, mariée, le 11 mai 1642, à Jean Leblanc, horloger, demeurant à Orléans.

*Anne* CUPER, née le 7 décembre 1621. Elle vivait sans alliance en l'an 1670.

## III.

*Sulpice* CUPER, *Conseiller du Roi et Contrôleur Général des Rentes en Guyenne*, demeurant à Blois, troisième fils de *Paul*

Cuper, Iᵉʳ du nom, et de Madeleine Picault, naquit à Blois, et fut baptisé à Saint-Honoré en l'année 1589.

Il quitta la religion catholique dès sa jeunesse, et il décéda à Blois, âgé de 81 ans, le 8 août 1670.

Il avait épousé au temple des protestants de Blois, le 20 novembre 1622, *Marie Masnier*, qui décéda le 24 février 1670. Elle était fille de Théodore *Masnier*, *greffier-criminel au siège présidial de Blois*, et de *Marguerite Ducandal*, laquelle était sœur d'*Isaac Ducandal, Seigneur de Fontenailles, Contrôleur des guerres*, qui épousa Catherine Delaunay le 15 juin 1600.

Du mariage de *Sulpice* Cuper avec Marie Masnier, sont issus cinq enfants, baptisés au temple des protestants de Blois, savoir :

*Sulpice* Cuper, né le 10 avril 1625.

*Jérôme* Cuper, né le 5 octobre 1626.

*Marie* Cuper, née le 3 janvier 1629, mariée à François Girardot, marchand à Paris, qui en eut Madeleine Girardot, mariée dans le temple à Blois, le 26 mai 1681, à Alexandre Leroux, marchand à Blois, fils de Théodore Leroux, agent de la compagnie des Indes, et de Lucrèce Cruypennin, dont est issu Alexandre Leroux, né le 6 novembre 1682.

*Catherine* Cuper, née vers l'an 1633, décédée sans alliance le 5 octobre 1683.

*Marguerite* Cuper, mariée à Jean Chrestien, maître en chirurgie, vivant en viduité le 10 avril 1685.

## III.

*Michel* CUPER, *Horloger et Valet de Chambre de Son Altesse Royale, Gaston, duc d'Orléans* (1), quatrième fils de *Paul* CUPER, I<sup>er</sup> du nom, et de Madeleine Picault, naquit vers l'an 1590. Il embrassa la religion réformée dans un âge encore un peu avancé. Il fixa sa demeure à Blois, dans une maison située rue Saint-Lubin, laquelle ayant été saisie par le sieur Delagarde, lui fut adjugée par décret du Bailliage de Blois, en date du 14 juin 1625.

Il décéda, au mois de janvier 1642, dans cette maison que ses descendants habitèrent pendant près de deux siècles.

Il avait épousé, dans le temple à Blois, le 27 janvier 1613, Anne Gousset, qui décéda le 1<sup>er</sup> décembre 1653. Elle était fille de Georges Gousset, marchand à Blois, et d'Anne Lecomte.

De ce mariage sont issus douze enfants baptisés au temple des protestants à Blois, savoir :

*Michel* CUPER, né le 3 mai 1614, mort jeune.

---

(1) Gaston avait, à la même époque, pour maître d'hôtel, M. de Saint-Remy, qui avait épousé en secondes noces la mère de Louise de Lavallière, et ce fut au château de Blois, en 1659, que Louis XIV vit pour la première fois cette jeune fille qui, deux ans plus tard, devait donner le ton à la cour de France et la voir à ses pieds (Voir TOUCHARD-LAFOSSE, *Histoire de Blois*, p. 229.

*Paul* Cuper, né le 13 février 1621, mort jeune.

*Pierre* Cuper, né le 8 février 1622, mort jeune.

Autre *Pierre* Cuper, né le 27 octobre 1623, mort jeune.

*Jérôme* Cuper, né le 29 août 1625, mort jeune.

*Henri* Cuper, né le 25 juillet 1626, mort jeune.

*Simon* Cuper, I*er* du nom, qui suit.

*Nicolas* Cuper, né le 3 août 1628, mort jeune.

*Anne* Cuper, née le 17 janvier 1616, mariée par contrat passé devant M° Guainon, notaire à Menars, en date du 2 octobre 1634, à Isaac Grisbelin, horloger à Blois, qui eut de ce mariage : Isaac Grisbelin, Abraham Grisbelin, Anne Grisbelin, Marie Grisbelin, Rébecca Grisbelin.

*Marguerite* Cuper, née le 19 novembre 1617, mariée à Barthélemy Mâcé, horloger à Blois, qui eut de ce mariage : François Mâcé, Jacques Mâcé, Barthélemy Mâcé.

Autre *Marguerite* Cuper, née le 14 mars 1620, morte jeune.

*Marie* Cuper, née le 29 octobre 1639, mariée dans le temple à Blois à Paul Rapillart, orfèvre à Chateau-Thierry, le 25 juillet 1640.

## IV.

*Simon* Cuper, I<sup>er</sup> du nom, *Horloger* à Blois, septième fils de *Michel* Cuper et d'Anne Gousset, naquit à Blois le 13 juin 1627, et fut baptisé au temple des protestants. Il décéda vers l'an 1693; il avait épousé, par contrat passé devant M Gastineau, notaire à Blois, en date du 10 avril 1655, Anne Chartier, qui décéda avant le 10 avril 1690. Elle était fille d'Antoine Chartier, orfèvre à Blois, et de Marie Hardouin, alors épouse d'Henri Yver, orfèvre à Blois, son second mari.

Du mariage de *Simon* Cuper, I<sup>er</sup> du nom, et d'Anne Chartier, sont issus sept enfants baptisés au temple des protestants de Blois, savoir :

*Simon* Cuper, II<sup>e</sup> du nom, qui suit.

*Michel* Cuper, né le 9 octobre 1659.

*Henri* Cuper, né le 6 mars 1661.

*Abel* Cuper, né le 21 décembre 1670, absent du royaume pour cause de religion, en 1695.

*Pierre* Cuper, absent aussi en l'an 1695.

*Anne* Cuper, née le 14 avril 1658, morte jeune.

Autre *Anne* Cuper, née le 14 décembre 1662, mariée, antérieurement au 10 avril 1693, à Isaac Ridou, *fabricant d'étoffes de soie*, alors demeurant à Tours, paroisse Saint-Saturnin.

## V.

*Simon* CUPER, II du nom, *horloger* à Blois, fils aîné de *Simon* CUPER, Ier du nom, et d'Anne Chartier, naquit à Blois et fut baptisé au temple des protestants de cette ville, le 23 avril 1656.

Il abjura le calvinisme antérieurement à l'an 1695. Il décéda à Blois dans l'intervalle du 3 octobre 1722 au 12 décembre 1728, et il fut inhumé dans le cimetière de Saint-Martin, sa paroisse.

Il avait épousé, par contrat passé devant Me Malescot, notaire à Blois, en date du 14 avril 1695, Marguerite Hardran, qui décéda, le 22 mai 1737, et fut inhumée dans le cimetière de Saint-Martin, ainsi qu'elle l'avait ordonné par son testament olographe en date du 20 juillet 1734, déposé chez Me Bourreau, notaire à Blois.

Du mariage de *Simon* CUPER, IIe du nom, et de Marguerite Hardran, sont issus trois enfants, savoir :

*Simon* CUPER, IIIe du nom, qui suit.

*Paul* CUPER, IIIe du nom.

*Marguerite* CUPER, née à Blois, baptisée à Saint-Martin le 16 septembre 1698. Elle fut mariée à Noël Prieur, marchand droguiste à Blois, et elle décéda, sans enfants, le 26 décembre 1748.

## VI.

*Simon* Cuper, III° du nom, *Horloger* à Blois, fils aîné de *Simon* Cuper, II° du nom, et de Marguerite Hardran, naquit à Blois, et fut baptisé à Saint-Martin, le 9 février 1696. Il décéda, en cette ville, le 10 mars 1787 et fut inhumé dans le cimetière de Saint-Martin.

Il avait épousé, par contrat passé devant M° Lermonier, notaire à Blois, en date du 29 mars 1720, *Madeleine de Haullon*, née en 1703, laquelle décéda, âgée de 38 ans, le 8 mars 1741, et fut inhumée dans le cimetière de Saint Martin à Blois.

Elle était fille de *Philippe de Haullon*, demeurant à Blois, et de Florence Martin.

De ce mariage sont issus six enfants, savoir :

*Simon* Cuper, né en 1734, décédé, âgé de cinq ans et 9 mois, le 22 août 1740.

*Paul-Vincent* Cuper.

*Anonyme* Cuper, né, ondoyé et décédé le 2 mai 1739, inhumé le lendemain.

*Madeleine* Cuper, née en 1722 ; décédée, âgée de 25 ans, le 13 février 1747.

*Anne* Cuper, mariée, vers l'an 1764, à Pierre-Samson Renou, demeurant à Blois, dont est issue Marie-Anne-Aimée Renou.

*Marie* Cuper, née en 1733, décédée, sans alliance, le 12 mars 1783.

## VI.

*Paul* Cuper, III<sup>e</sup> du nom, orfèvre à Blois, fils puis-né de *Simon* Cuper, II<sup>e</sup> du nom, et de Marguerite Hardran, naquit à Blois, rue Saint-Lubin, vers l'an 1704. Il décéda en cette ville, âgé de 73 ans, le 17 mars 1777, et fut inhumé à Saint-Martin le lendemain.

Il avait épousé, dans la même église, le 11 août 1739, Anne-Jacquette Fillonnière, fille alors mineure de Jean Fillonnière, marchand drapier, et d'Anne Harlot déjà décédés.

De ce mariage sont issus dix enfants, savoir :

*Paul-Louis* Cuper, né le 21 janvier 1745, décédé le 10 février 1754.

*Jean-Simon-Thomas* Cuper, né le 4 février 1754.

*Paul* Cuper IV<sup>e</sup>, qui suit :

*Anonyme*, né, ondoyé et décédé le 24 août 1758.

*Anne-Jacquette* Cuper, née le 14 septembre 1740, décédée en juin 1744.

*Marie-Marguerite* Cuper, née le 17 décembre 1741, décédée en 1820. Elle avait été mariée, le 22 avril 1766, à Paul-François-Joseph Collineau, marchand gantier à Blois, qui décéda, sans enfants, vers l'an 1800; il était fils de Paul Collineau et de Françoise Bretonneau.

*Madeleine* Cuper, religieuse à l'Hôtel-Dieu

de Blois, née le 11 avril 1743, décédée vers l'an 1817.

*Anne-Jacquette-Élisabeth* Cuper, née le 30 janvier 1750, mariée le 25 octobre 1770, à Jacques Frileux, fils de Jacques Frileux et de Marguerite Laporte, décédée à Blois le 28 avril 1835 ; de ce mariage sont issus deux fils, l'un mort jeune, l'autre mourut prêtre et vicaire de Saint-Louis.

*Marie-Anne* Cuper, née le 22 octobre 1752, décédée le 24 décembre 1759.

*Paul* Cuper, IV° du nom, orfèvre à Toulouse, est né à Blois et a été baptisé en cérémonies le 12 août 1755. Il vivait sans alliance en 1825, à Toulouse ; il y est décédé le 5 janvier 1842.

## VII.

*Paul-Vincent* Cuper, *Horloger* à Blois, naquit en cette ville et fut baptisé à Saint-Martin, le 26 octobre 1737 ; il décéda à Blois le 4 juillet 1821.

Il avait épousé, par contrat passé devant Raimbault, notaire à Châteaudun, en date du 9 décembre 1765, *Marie-Aimée* Fouquet, née en 1736, laquelle décéda à Blois, âgée de 65 ans, le 2 février 1802. (1)

---

(1) Sa petite-nièce épousa, vers 1840, M. Lemaître, directeur du télégraphe à Tours, dont le frère aîné, Ch. Lemaistre, fut, en 1848, administrateur en chef des lignes télégraphiques de France.

Elle était fille de *Camille* FOUQUET, *Sieur de la Renaudière, Conseiller et Procureur du Roi en l'Élection de Châteaudun*, et de Marie Baudouin, sa seconde femme, mariée par contrat passé devant M° Duchon, notaire à Bonneval, le 18 mai 1725.

Du mariage de *Paul-Vincent* CUPER et de Marie-Aimée Fouquet, sont issus sept enfants, savoir :

*Paul* CUPER, né le 16 octobre 1766, mort jeune.

*Paul-Claude* CUPER, né le 7 septembre 1767, assassiné par les révolutionnaires en 1793.

*Simon* CUPER, IV° du nom, qui suit :

*Louis-Augustin* CUPER, rapporté après *Simon* CUPER IV, son frère aîné.

*Paul-Vincent* CUPER, né le 4 septembre 1773, décédé le 8 mai 1795.

*Anonyme*, né et ondoyé le 24 février 1776, décédé et inhumé le lendemain.

*Marie-Aimée* CUPER, née le 22 août 1769, morte jeune.

## VIII.

*Simon* CUPER, IV° du nom, *Receveur des contributions directes aux Montils*, près Blois, naquit en cette ville, et fut baptisé à Saint-Martin le 25 juillet 1768. Il décéda aux Montils le 1844.

Il avait épousé au Port-au-Prince, île de Saint-Domingue, le 20 avril 1803, Marie-Madeleine Cartier, née le 1er avril 1786, décédée aux Montils le 1853 ; elle était fille de Gabriel Cartier, propriétaire au Port-au-Prince, et de Marie-Jeanne Duvigneau, tous deux nés à Saint-Jean-d'Angely.

Du mariage de *Simon* Cuper IV, et de Marie-Madeleine Cartier, sont issus trois enfants, savoir :

*Paul-Simon* Cuper, né à Saint-Yago de Cuba, île de l'Amérique espagnole, le 12 septembre 1804, décédé aux Montils le 21 novembre 1808.

*Louis-Augustin* Cuper, qui suit.

*Frédéric-Helphège* Cuper, né aux Montils le 19 avril 1812, décédé au même lieu le 6 août 1819.

## VIII.

*Louis-Augustin* Cuper, Ier du nom, *Horloger* à Blois, fils puîné de *Paul-Vincent* Cuper et de de Marie-Aimée Fouquet, naquit à Blois et fut baptisé à Saint-Martin le 26 août 1772 ; il décéda à Blois le 22 février 1852.

Il épousa à Blois, le 25 août 1798, Marie-Anne-Sophie Refoulé, fille de Charles-Crepin Refoulé, marchand droguiste à Blois, et de Françoise Derré. Elle était née à Blois en 1779, elle y est décédée au mois de décembre 1811 ;

De ce mariage sont issus huit enfants, savoir :

*Charles-Raoul* Cuper, qui suit :

*Auguste* CUPER, mort jeune.
*Anonyme*, mort jeune.
*Louis* CUPER, mort jeune.
*Françoise-Sophie* CUPER, née le 15 septembre 1779, décédée le 2 mars 1801.
*Anonyme*, morte jeune.
*Marie-Irène* CUPER, née le 10 mai 1804, décédée sans alliance, le 26 mai 1855.
*Marie-Aimée* CUPER, morte jeune.

## IX.

*Louis-Augustin* CUPER, II<sup>e</sup> du nom, deuxième fils de *Simon* CUPER, IV<sup>e</sup> du nom, naquit aux Montils, près Blois, le 4 mars 1808.

Il fut reçu pharmacien à Paris le 21 avril 1832, et se fixa à Contres (Loir-et-Cher), où il décéda le 4 septembre 1850.

Il avait épousé, par contrat passé devant M<sup>e</sup> Tardiveau, notaire à Blois, le 29 janvier 1839, Alexandrine Brunet, née à Suèvres (Loir-et-Cher) le 1<sup>er</sup> juillet 1819, actuellement vivante, fille de A. Brunet, propriétaire à Suèvres, et de Victoire Prévost.

De ce mariage est issu *Albert* CUPER, né à Suèvres, le 11 juin 1841.

## IX.

*Charles-Raoul* CUPER, I^er du nom, *Horloger* à Blois, de 1826 à 1840 (actuellement vivant, propriétaire à Blois), est né dans cette ville le 25 juillet 1801.

Il a épousé, le 8 août 1826, Marie-Joséphine Lecour, née le 2 avril 1801, fille de Pierre Lecour, négociant en vins à Blois, et de Marie-Françoise Moreau, décédée à Blois le
1823.

De ce mariage sont issus trois enfants, savoir :

*Charles-Henri* CUPER, né à Blois le 1^er octobre 1827 ; il y est décédé le 29 septembre 1831.

*Catherine-Sophie* CUPER, religieuse Ursuline, actuellement vivante, née le 25 juin 1829.

*Henri-Émile* CUPER, né le 28 novembre 1833, actuellement vivant.

## X.

*Albert* CUPER, I^er du nom, actuellement vivant,

fils de *Louis-Augustin* CUPER, II^e du nom,

et d'Alexandrine Brunet, est né à Suèvres le 11 juin 1844.

Il a épousé

## X.

Henri-Émile CUPER, 1er du nom, actuellement vivant, *fils puis-né de Charles-Raoul Cuper, 1er du nom, et de Marie-Joséphine Lesour,* est né à Blois, le 28 novembre 1833.

Il a épousé, *le 30 Juin 1863, Anne-Marie Bachellier, née à Châtellerault (Vienne), le 5 avril 1839, fille de Claude Bachellier et de Anne-Rose Drouault, décédée à Niort, le 19 avril 1857.*

## Parenté de la famille CUPER avec S. M. l'Empereur NAPOLÉON III.

**Sébastien PICAULT, Conseiller du Roi en l'Élection de Berry, marié à Jacquette PELLUYS.**

| | |
|---|---|
| 1. Madeleine Picault, sa fille, mariée à Paul CUPER (page 17). | 1. Jean Picault, Procureur du roi en l'Élection de Blois. |
| 2. *Michel* CUPER (page 22). | 2. Henry Picault, Lieutenant-Conseiller en l'Élection de Blois. |
| 3. *Simon* CUPER (page 24). | 3. Marie Picault, mariée à François Beauchesne, Conseiller au Présidial de Blois. |
| 4. *Simon* CUPER (page 25). | 4. Madeleine Beauchesne, mariée à Jacques Pyvart, Maître en la Chambre des Comptes de Blois. |
| 5. *Simon* CUPER (page 26). | 5. François Pyvart, sieur de Chastullé. |
| 6. *Paul* CUPER (page 27). | 6. Marie-Anne-Henriette Pyvart de Chastullé, mariée à François de Beauharnais, marquis de la Ferté-Beauharnais. |
| 7. *Paul-Vincent* CUPER (page 28). | 7. Alexandre-François-Marie, Vicomte de Beauharnais, marié à Joséphine Tascher de la Pagerie. |
| 8. *Louis-Augustin* CUPER (page 30). | 8. *Hortense* de Beauharnais, mariée à *Louis* BONAPARTE, Roi de Hollande. |
| 9. *Charles-Raoul* CUPER (page 32), actuellement vivant, propriétaire à Blois. | 9. *Louis-Napoléon* BONAPARTE, Empereur des Français, vivant. |

D'après le tableau ci-dessus, M. *Charles-Raoul* CUPER, actuellement vivant, est cousin de S. M. *Louis-Napoléon* BONAPARTE, Empereur des Français : tous deux, en effet, descendent de Sébastien PICAULT, auteur commun.

Ces renseignements sont extraits des généalogies des familles CUPER et PICAULT, dressées sur actes authentiques par M. Péan, vice-président du tribunal civil de Blois, et déposées entre les mains de M. Dupré, avocat, bibliothécaire de la ville de Blois.

www.ingramcontent.com/pod-product-compliance
Lightning Source LLC
Chambersburg PA
CBHW060716050426
42451CB00010B/1471